PUBLICATIONS
DU COMITÉ DE MADAGASCAR

RÉCEPTION DU GÉNÉRAL GALLIENI

MADAGASCAR
AU POINT DE VUE ÉCONOMIQUE

CONFÉRENCE

FAITE A LA SOCIÉTÉ DE GÉOGRAPHIE DE MARSEILLE

le 9 Juin 1900

Par **M. A. JULLY**

Architecte des Bâtiments civils à Madagascar

MARSEILLE

TYPOGRAPHIE ET LITHOGRAPHIE BARLATIER

Rue Venture, 19

—

1900

RÉCEPTION DU GÉNÉRAL GALLIENI

Conférence de M. A. JULLY sur Madagascar

BIBLIOTHÈQUE NATIONALE R F IMPRIMÉS.

A l'occasion du départ de M. le général Gallieni, gouverneur général de Madagascar, la Société de Géographie de Marseille a donné une séance solennelle, sous la présidence d'honneur du Général, le 9 juin 1900, à 5 heures, dans la salle des fêtes de la Bibliothèque de la Ville. Une énorme assistance d'élite, comprenant beaucoup de dames, se pressait dans cette vaste salle, que la Municipalité avait bien voulu faire décorer de plantes vertes. Parmi les nombreuses notabilités présentes, se trouvaient : Madame la générale Gallieni et Madame C. Delhorbe ; MM. le général Metzinger, commandant en chef du XVe corps d'armée ; le général en retraite Fischer ; le contre-amiral Besson, chef du service de la marine ; le commissaire Boucard, chef du service des colonies ; Schrameck, secrétaire général de la Préfecture, et Vittini, chef de cabinet, représentant M. le Préfet, absent de Marseille ; Causeret, inspecteur d'Académie ; le Dr Heckel, directeur du Musée Colonial ; Estrine, président de la Société pour la Défense du Commerce ; les Consuls d'Italie et des États-Unis, etc.

Sur l'estrade, autour du général Gallieni et de M. Ernest Delibes, président de notre Société, ont pris place : MM. J. Charles-Roux, notre président honoraire, président du "Comité de Madagascar" et commissaire général de l'Exposition coloniale à Paris ; A. Jully, ingénieur colonial, directeur des Bâtiments civils à Madagascar ; le colonel Lyautey, de l'état-major du Général ; Delhorbe, secrétaire général du Comité de Madagascar, et les membres du bureau de notre Société : MM. F. Barthélemy, vice-président ; Jacques Léotard, secrétaire général ; Joseph Fournier et R. Teisseire, secrétaires ; H. Barré, bibliothécaire.

La musique du 141ᵉ de ligne, sous la direction de son chef M. Thomas, dont le concours avait été accordé à notre Société par l'autorité militaire, pour rehausser l'éclat de cette séance solennelle, a joué la *Marseillaise* à l'entrée du Général et de sa suite, qui a été saluée par d'unanimes applaudissements.

M. Delibes, président, a pris aussitôt la parole et s'est exprimé en ces termes :

GÉNÉRAL,

L'an dernier, lorsque notre Société de Géographie vous remettait un peu à la hâte, à votre arrivée, sa médaille d'or et son diplôme de membre d'honneur, vous nous répondiez par un bienveillant « au revoir ». Aujourd'hui vous tenez cette promesse, et nous ne saurions assez vous remercier. Nous regardons en effet comme une insigne faveur d'avoir obtenu que, pendant votre très court passage à Marseille, vous vouliez bien venir honorer de votre présence l'une de nos réunions et nous entretenir quelques instants de cette grande Ile de Madagascar, dont le nom est désormais si glorieusement associé à votre nom, comme l'étaient déjà les noms du Soudan et du Tonkin.

Voilà bien des années, Général, depuis le jour où le jeune capitaine Gallieni allait, au péril de sa vie et au prix de sa liberté, accomplir sa première et si pénible expédition du Haut-Niger, depuis vingt ans, notre Société suit avec le plus vif intérêt votre rude et brillante odyssée, et chacune de vos étapes a été pour nous un nouveau titre à notre admiration.

Si le Soudan, un immense empire, nous appartient aujourd'hui sans contestation ; si, malgré la dédaigneuse ironie de certain lord anglais, nous avons le ferme espoir que le *Coq gau-lois* n'aura pas seulement à « gratter du sable dans le désert, » la série de vos laborieuses campagnes de 1880 à 1888 vous donnent le droit de revendiquer une large part de ce magnifique résultat.

Si le Tonkin, ce Tonkin dont le nom, au milieu de nos haines aveugles de parti, était jeté comme un sanglant outrage à la face de l'un de nos hommes d'Etat — Jules Ferry — les plus pré-voyants, les plus passionnés pour la grandeur de la France; si le Tonkin, dis-je, est devenu aujourd'hui l'un des plus précieux fleurons de notre couronne coloniale, là encore, Général, vous pouvez être fier d'avoir achevé la conquête, assuré l'hinterland (l'arrière-pays, pour parler français) et si bien délimité la fron-tière septentrionale, sur une longueur de 400 kilomètres au moins, que la France, si elle veut fortement, ne doit pas être prise au dépourvu par les événements qui menacent d'ouvrir tout à coup la succession de l'Empire chinois.

Enfin, dans ces dernières années, Gouverneur général de Madagascar, vous venez d'ajouter une nouvelle page, et non la moins belle, à l'histoire de votre vie coloniale déjà si bien remplie.

Nous connaissons tous, Mesdames et Messieurs, la dramatique histoire de la première conquête de Madagascar ; — si d'ailleurs nous pouvions l'oublier, la présence parmi nous de celui qui fut l'intrépide soldat d'avant-garde dans cette expédition suffirait à nous en rappeler le souvenir ; le nom du général Metzinger et celui de Madagascar ne se séparent plus ; — mais nous n'igno-rons pas non plus que, moins de deux ans plus tard, sous l'ac-tion de causes diverses, la conquête était presque compromise et qu'il fallut pour ainsi dire la renouveler. Nous savons aussi à qui en revient l'honneur. C'est vous, Général, qui d'une main énergique avez repris l'œuvre de vos illustres devanciers, vos frères d'armes. Vous avez su réprimer, en conciliant heureuse-ment la vigueur et l'humanité, une insurrection qui devenait universelle, et inaugurer avec une incomparable habileté une politique de pacification et d'organisation progressives, une ère nouvelle de véritable colonisation. Et en effet, au lendemain de la victoire, l'épée une fois rentrée dans le fourreau, vous invitez, vous poussez les soldats à féconder par leur labeur le sol arrosé de leur sang ; et vos conseils semblent devoir être entendus au grand profit de la colonie. En un mot, vous avez adopté et mis en pratique la belle devise du maréchal Bugeaud : « *Ense et aratro* », par l'épée et la charrue. Ce fut là, en grande partie, le secret de la conquête romaine.

Vous voyez, Mesdames et Messieurs, que, si le Général le voulait, il pourrait nous parler longuement de son œuvre personnelle ; la matière ne lui ferait pas défaut. Mais par un sentiment de réserve que nous devons respecter, il préfère laisser à l'un de ses plus dignes collaborateurs, à l'un de ses plus actifs auxiliaires, à M. Jully, le soin de nous parler avec plus d'ampleur et en toute compétence de ce vaste et beau domaine. Ingénieur colonial, architecte des bâtiments civils de Madagascar, M. Jully connait aussi bien que personne, pour l'avoir explorée en tous sens depuis quatorze ans et dotée d'utiles travaux, ce que vaut et ce que vaudra surtout plus tard notre grande possession africaine. Il pourra nous dire avec autorité ce qu'elle donne déjà et ce qu'elle promet, comment elle dédommagera sans doute un jour la Métropole des douloureux sacrifices d'hommes et d'argent qu'elle lui a coûtés.

Nous sommes donc tout prêts à écouter avec une religieuse attention et à confondre dans les mêmes applaudissements le héros de cette grande conquête coloniale et son fidèle historien et dévoué coopérateur.

Mesdames, Messieurs,

Je me rendrais coupable d'une bien fâcheuse inadvertance, si j'oubliais de remercier en votre nom les délégués du Comité de Madagascar ici présents, à qui leurs titres et leurs services assignent une place d'honneur dans cette grande réunion.

Je salue donc le Président du Comité, M. Charles-Roux, Président honoraire de notre Société de Géographie, et qui continue de nous appartenir à tant d'autres titres ; je salue M. Delhorbe, le distingué et infatigable secrétaire général du Comité, et notre conférencier, M. Jully, l'un des premiers fondateurs de cette patriotique association.

Le Comité de Madagascar qui, par son actif concours à l'œuvre de colonisation, a déjà si bien mérité du pays, vient d'acquérir un nouveau titre à notre reconnaissance. Il a voulu consacrer par un monument durable la mémoire des conquérants de la grande île. Grâce à lui, un beau groupe artistique, produit d'une souscription publique, chef-d'œuvre de l'éminent sculpteur Barrias, figure en ce moment à l'Exposition Universelle devant le pavillon des Colonies, et sera bientôt transporté à Tananarive, où il sera dressé sur la place principale. Là, sous sa forme symbolique, le monument rappellera le souvenir du passé, tous les humbles héros tombés dans cette pénible expédition, et il fera pressentir l'avenir, la fusion désirée des vainqueurs et des vaincus.

Nous vous prions, Messieurs, de reporter à tous vos collègues du Comité de Madagascar nos félicitations et nos remerciements unanimes pour leur heureuse et patriotique initiative.

Le général Gallieni a prononcé ensuite le brillant discours suivant, plusieurs fois interrompu par des applaudissements chaleureux :

Discours du Général Gallieni

MESDAMES, MESSIEURS,

Je tiens tout d'abord à adresser mes sincères remerciements à votre distingué président, M. Delibes, pour avoir bien voulu me céder pour aujourd'hui la présidence de cette séance. Il me permet ainsi d'acquitter une dette de reconnaissance que j'ai contractée depuis longtemps envers la Société de Géographie de Marseille, qui m'a constamment témoigné toute sa bienveillance. Mes relations avec la Société de Géographie de Marseille sont déjà très anciennes. Je me rappelle toujours l'époque où votre ancien président, M. Rabaud, m'écrivait à mon retour de mission au Niger. Il me disait que nous nous étions presque rencontrés sur le grand fleuve avec une mission marseillaise envoyée par la maison Verminck de votre ville. Et, en effet, nous avions failli nous rencontrer vers ce Haut-Niger que ces Messieurs avaient déjà reconnu. Lorsque j'exerçais le commandement du Soudan, chaque fois que je débarquais, je trouvais une lettre du Président de votre Société pour me souhaiter la bienvenue. Enfin, il y a un an, quand je suis revenu de Madagascar, j'ai été très touché des sentiments que votre Société a bien voulu m'exprimer en m'offrant sa grande médaille d'or.

Du reste, dans les hasards de ma carrière coloniale, je me suis toujours rencontré avec des Marseillais. Je les trouvais toujours en avant, audacieux, cherchant à disputer à l'étranger le commerce des pays indigènes. Je me rappelle toujours le fait suivant.

Dans ma deuxième campagne au Soudan, je partais avec ma colonne pour aller opérer contre les Sofas de Samory. Il y avait à Kayes un brave Marseillais qui vint me trouver et me demanda l'autorisation de venir avec nous. Il avait un peu de pacotille ; je lui donnais quelques ânes et effectivement il nous suivit. Le voyage ne fut pas très agréable, entremêlé même de coups de fusil ; mais notre homme n'en fut pas moins le premier commerçant qui arriva sur les bords du Niger. A notre retour, il était très content et me montrait avec un certain orgueil sa sacoche pleine de poudre d'or échangée contre ses marchandises.

Au Tonkin, j'ai trouvé sur les frontières de Chine vos compatriotes s'occupant toujours des choses du commerce. A Madagascar enfin, vous connaissez le nombre considérable de maisons de Marseille qui s'y trouvent.

Pour moi, j'ai toujours considéré comme mon principal devoir de favoriser le commerce. Il faut que les colonies françaises soient ouvertes en grand au commerce français. Nous avons déjà obtenu ainsi des résultats assez notables.

A Madagascar, je me bornerai à vous citer quelques chiffres et je m'en tiendrai simplement à l'objet de transaction le plus important : les tissus. En 1896 on importait à Madagascar pour

14 millions de francs de tissus. Sur ces quatorze millions, la France n'apportait que 4 millions 1/2.

En 1897, on importait pour 18 millions 1/2 ;
En 1898, » 20 millions 1/2 ;
En 1899, » 28 millions ;

sur lesquels environ 25 millions de tissus français. Vous voyez donc les grands progrès réalisés en moins de trois ans !

Du reste, je dois ajouter que j'ai toujours trouvé de la bonne volonté chez nos sujets malgaches. Ce sont nos meilleurs acheteurs et à ce point de vue, certes, ils sont bien supérieurs aux Soudanais et aux Annamites.

Je me souviens à ce propos que, il y a trois ans, je voulus donner une fête aux jeunes dames malgaches de Tananarive. Je reçus la visite du gouverneur général de l'Emyrne, qui, avec sa femme et sa fille, vint me demander quelle était la tenue que l'on avait en France dans les bals. Je répondis que les dames de France avaient toujours de belles robes de soie et que la plus belle de toutes les soies était bien certainement la soie de Lyon. Et au bal suivant, toutes nos jeunes dames malgaches étaient vêtues de robes de soie de Lyon...

Le chemin de fer que nous allons avoir aidera beaucoup à ce commerce des tissus, car, il faut bien le dire, les prix des tissus importés sont majorés dans une énorme proportion par les frais de transport.

Vous voyez que nous avons obtenu des résultats d'une certaine importance à Madagascar.

Notre commerce général, qui était en 1886 de 14 ou 15 millions, s'est élevé en 1899 à 36 millions.

Notre budget de recettes, de 3 millions en 1896, s'est élevé en 1899 à 16 millions.

Il est bien entendu que je ne revendique pour ma part qu'une très faible partie de ces résultats. Tout d'abord, j'ai toujours eu le bonheur d'avoir une bonne santé ; c'est excessivement important aux Colonies. Au Soudan, au Tonkin, à Madagascar, j'ai toujours été servi par une constitution qui convenait paraît-il très bien à ces pays. Nous sommes entrés 21 de ma promotion dans l'infanterie de marine ; le seul qui reste avec moi est le général Pennequin, qui vient de perfectionner encore ce que nous avions déjà fait. J'ai surtout toujours trouvé autour de moi des collaborateurs extrêmement dévoués : tout le monde m'a fourni son concours, officiers et soldats.

Après avoir réprimé l'insurrection sur le plateau central, ils ont entrepris leur marche de pénétration dans tout l'intérieur où, en même temps qu'ils établissaient l'autorité de la France, ils semaient nos idées de civilisation. Nos soldats se sont mis ensuite à aider nos colons. Je les ai employés à tous les métiers ; j'en ai même fait des instituteurs. Et, à ce sujet, permettez-moi de vous citer un fait : dans une de mes tournées, visitant une de nos écoles, les jeunes Malgaches entonnèrent devant moi la « Marseillaise », mais avec un petit accent marseillais que je ne pus m'empêcher de remarquer. Toutefois le « Présent, mon général » de notre instituteur m'en donna bien vite l'explication : c'était un soldat marseillais et, en même temps qu'il apprenait la « Marseillaise » à ses élèves, il avait voulu qu'on sache bien qu'il était de la Provence...

J'ai trouvé aussi des fonctionnaires dévoués et intelligents. Enfin, j'ai toujours eu pour me seconder la confiance de la très grande majorité de nos colons, et c'est aux moments les plus difficiles, quand j'avais le plus besoin de mon courage, que mes compatriotes se sont serrés autour de moi.

Au commencement de 1897, nos soldats avaient rejeté dans la forêt toutes les bandes insurgées, mais celles-ci combattaient encore ; elles combattaient, disaient-elles, au nom de la Reine. Je sentis qu'il y avait là une résistance qu'il fallait briser. Je n'eus pas le temps de demander des instructions en France et je dus prier S. M. Ranavalo de quitter le trône et de prendre le chemin de la Réunion.

Cette mesure était grave, mais je savais que j'agissais pour le bien de mon pays, pour le salut de la colonie ! En même temps, d'ailleurs, j'avais fait mes bagages, préparé mes malles, enfin tenu tout prêt pour prendre le chemin de France si le Gouvernement l'exigeait... Je reçus des félicitations et l'on afficha le vote de la Chambre des Députés approuvant les mesures prises et la ligne de conduite suivie à Madagascar.

Dans la soirée du jour où je pris cette grave mesure, on vint m'informer qu'un groupe nombreux de personnes, précédées d'un drapeau tricolore, montaient vers le Quartier Général. Je me levai : c'étaient tous nos colons qui venaient me dire combien ils étaient de cœur avec nous. Il est certain que lorsque les nombreux Malgaches qui attendaient ce qu'on allait dire en France, lorsque la colonie étrangère, qui elle aussi nous considérait d'un œil attentif, eurent vu tous les colons français monter chez le Gouverneur général pour le féliciter, tout le monde comprit qu'une page de l'histoire de Madagascar venait de se terminer et que nous entrions dans une nouvelle phase.

Je mentionnerai également les collaborateurs qui veulent bien repartir avec moi aujourd'hui : les colonels Lyautey et Roques, le commissaire colonial Lallier du Coudray. Enfin une mention spéciale doit être réservée à M. Jully. Depuis longtemps à Madagascar, où il est arrivé l'un des premiers, c'est lui qui a bâti la résidence générale et qui m'a aidé à créer l'enseignement professionnel. Aujourd'hui, en effet, tous nos jeunes Malgaches sont dirigés dans la voie de l'enseignement agricole et commercial. C'est encore lui qui voulut bien s'occuper avec le plus grand dévoûment de la question de notre Exposition et qui a amené tous les jeunes Malgaches qui sont en ce moment au Trocadéro. Je tiens à exprimer à tous ma très vive reconnaissance.

En terminant, permettez-moi de vous renouveler tous mes remerciements pour les témoignages de sympathie que nous donne la « Société de Géographie » et qui sont un précieux encouragement pour nous tous, au moment de prendre la route de la grande île.

Vous connaissez notre mot d'ordre : nous voulons ouvrir Madagascar en grand au commerce français, nous voulons que notre colonie soit habitée par des colons français, par des familles françaises.

Le jour où ce programme sera rempli, c'est avec la plus parfaite sérénité d'esprit que nous pourrons considérer les événements qui peuvent se préparer dans l'Océan Indien.

M. A. Jully, architecte des bâtiments civils, chargé du service de la colonie à l'Exposition de 1900, a fait ensuite la remarquable conférence que nous reproduisons ci-dessous, sur

MADAGASCAR AU POINT DE VUE ÉCONOMIQUE

MESDAMES, MESSIEURS,

En me chargeant de vous exposer la situation commerciale et industrielle de Madagascar au moment même où il s'apprête à porter sur ce terrain de nouveaux efforts, et à y provoquer de nouveaux résultats, le général Galliéni m'a confié une tâche dont je lui suis très reconnaissant. Dans cette ville, en effet, la cause malgache a de nombreux amis, je le sais par expérience.

N'est-ce pas ici même que se sont ouverts ou fermés tous les chapitres de l'histoire de Madagascar ? N'avez-vous pas vu les conclusions suivre les prémisses et préparer la solution que votre expérience de la vie pratique avait hâte de voir définitive.

. Tandis que là-bas dès 1880, sur le sol de la grande île, nos colons de la première heure, et vous avez toujours des vôtres dans les avant-gardes, poursuivaient les relations commerciales si difficiles jadis avec le peuple Hova, ici sur la jetée, vous encouragiez nos marins et nos soldats qui allaient appuyer leurs efforts.

Vous avez partagé nos joies et nos déceptions jusqu'au jour, lentement venu, où la conclusion inévitable de la conquête du général Duchesne, c'est-à-dire l'écrasement de l'autorité despotique et perfide des Hovas par le bannissement de ses irréductibles détenteurs, a donné d'une façon définitive Madagascar à la France.

Il est donc inutile de vous parler d'un passé que vous connaissez. C'est le présent et l'avenir qui vous importent : ce qu'on peut faire et ce qu'on pourra faire. De même que dans le pavillon de la colonie à l'Exposition, nous avons essayé d'exposer en les groupant, les ressources de notre île, dans le même esprit méthodique je vais tâcher de coordonner devant vous la situation économique de Madagascar. Nous verrons ce qui a été fait depuis le jour de la vraie conquête. Vous en dégagerez vous-même ce qui reste à faire.

La première condition pour commercer avec un pays, c'est d'être certain que les agents qu'on y envoie sont en sécurité. Il n'en fut pas ainsi à Madagascar dans l'année qui suivit la conquête. La série des cartes de 1897 à 1899, publiées par le service géographique de l'Etat-Major du Corps d'occupation, vous renseignera sur les progrès de la pacification beaucoup mieux que tous les exposés. En se servant des anciens centres, des groupements primitifs, le général Galliéni, dès son arrivée, jeta autour de Tananarive un réseau dont les mailles en s'élargissant et en se multipliant ont fini par englober l'île dans sa totalité. Ce fut une seconde conquête aussi pénible, aussi dure et beaucoup plus longue que la première. Conquête où il fallait combattre, et aussi administrer, prendre mais occuper, et surtout coordonner.

Les points isolés sont devenus des secteurs, les secteurs se sont transformés en cercles, les cercles en territoires.

Utilisant les ressources locales, complétant dans certains cas un effectif insuffisant par des partisans encadrés, sévissant contre ceux qui ne voulaient pas voir, encourageant les clairvoyants, détruisant l'ivraie du passé et semant à pleines mains du froment pour l'avenir, c'est ainsi qu'avec une poignée de braves gens de toutes armes, le commandant du corps d'occupation a pacifié une île de superficie supérieure à celle de la France.

Le résultat est palpable, évident aujourd'hui aux yeux de tous. L'Imerina et le Betsiléo cultivent en paix les rizières : les Tankara, les Betsimisiraka, les Taimoro et les Tanossy commercent et trafiquent avec les ressources du sol et surtout des forêts. Quant aux Sakalaves, chez lesquels le goût du travail sera lent à venir, ils se reposent, mangent, boivent et dorment : c'est un progrès pour des nomades qui, depuis deux cents ans, désolaient les régions de l'Ouest par leurs incursions et leurs pillages. Au Sud, il reste une tache grise dans la carte, au pays des Mahafaly. Mais depuis que cette carte a été faite (décembre 1899), la tache est bien réduite. Au mois de mars, à mon passage à Fort-Dauphin, j'ai appris que les Tanossy recommençaient leurs trafics réguliers avec les Mahafaly de l'Onilahy. Le cercle de Tuléar d'un côté, celui du Mandraré de l'autre jettent leurs mailles sur ce plateau inférieur qui sera rapidement lui aussi enserré dans le réseau.

Donc, du cap Sainte-Marie au cap d'Ambre, on peut aujourd'hui voyager, séjourner et commercer. Mais que tous voyageurs ou colons, industriels ou commerçants s'inspirent dans leurs rapports avec la population, des principes si sages, si pratiques qui tant de fois ont été développés dans les circulaires de colonisation émanant du gouvernement général : la fermeté, mais la justice.

Nous avons des droits de conquête, et les vaincus ont des droits d'occupation : faisons valoir les premiers tout en reconnaissant les seconds. Nous sommes en contact, si l'on en excepte certaines tribus de l'Ouest, avec une population plutôt douce, attachée presque partout à son sol. Maintenons-la près de nous, au lieu de l'écarter. Les malentendus et les troubles qu'ils engendrent proviennent le plus souvent d'intérêts méconnus ou lésés. Et d'ailleurs il faut à tous de la main-d'œuvre ; là où elle existe respectons-la. Agissons en un mot suivant la formule même de la pacification, en maîtres soucieux de l'avenir, et désireux de faire œuvre durable.

Il est plus difficile qu'on ne le pense généralement de mener des gens de race différente de la nôtre, qu'il serait également dangereux, ou de traiter comme des égaux ou de conduire comme des brutes. La recette du commandement colonial, administratif ou privé, ne peut être exprimée ni généralisée, parce qu'elle nécessite outre l'entendement des choses coloniales, une expérience locale. Ne nous étonnons donc pas si nous entendons souvent exprimer cet avis : « une affaire aux colonies ne vaut que par l'homme qui la dirige. » Traduisez toujours : « Confiez vos intérêts à des gens qui ayant vécu aux colonies, y ont pris l'expérience du pays et des indigènes, en y conservant leur activité et leur énergie ».

Ce choix du représentant demande toute votre attention, Messieurs. Songez-y si vous faites des affaires à Madagascar.

Quand vous aurez trouvé votre homme, vous pouvez l'envoyer sans crainte. Il aura vite fait d'installer ses comptoirs ou ses centres industriels. Il vous y représentera en toute sécurité, et si c'est réellement un habile, la population autour de sa case et dans son champ d'action aura doublé dans six mois. Voilà comment Madagascar est pacifié, c'est-à-dire largement ouvert à toutes les vraies initiatives.

Cette population, Mesdames et Messieurs, composée de tribus diverses dont nous avons essayé de caractériser en une phrase les aptitudes différentes, a des besoins. Elle consomme des marchandises de provenance Européenne. Donc, et c'est la preuve de mon dire, le commerce d'importation a dû suivre les progrès de la pacification.

Si nous consultons en effet les statistiques douanières, ce commerce qui en 1896 s'élevait à 14.000.000 de francs, atteint 18.500.000 francs en 1897 et 21.600.000 francs en 1898.

Dans ce total les cotonnades vendues aux indigènes tiennent une place énorme. Prenons pour nous en convaincre le mouvement d'un seul port, Mananjary par exemple, au cours de l'année 1899. Sur ce point, les importations qui étaient de 655.840 francs en 1897 s'élèvent en 1898 à 1.472.462 francs et en 1899 à 2.242.463 francs. Dans ce dernier total, les tissus de coton pur, c'est-à-dire les marchandises destinées aux seuls indigènes, figurent pour un prix de 1.696.482 francs. Cette consommation considérable est justifiée par les dimensions du vêtement national dit « lamba », pièce d'étoffe rectangulaire de 3 mètres sur 1 m. 80 environ, qui partout en usage à Madagascar, change de qualité suivant le degré de civilisation des tribus qui l'emploient. Dans l'Imerina par exemple, les indiennes à dessins compliqués sont choisies de préférence : les élégantes de Tananarive emploient même la satinette et les soies brochées. Quant aux élégants, nombreux déjà sont ceux qui abandonnent le lamba pour s'emprisonner dans des complets, voire même des pardessus mastic. Les magasins de nouveautés, et en première ligne la succursale du Louvre, font une consommation progressive de confections rassurante pour l'avenir.

Or, ce commerce d'importation, qui augmente chaque année proportionnellement avec les besoins de la population, échappait presque totalement jadis à l'industrie et au commerce français. Dans les années qui précédèrent la campagne il n'entrait

dans le chiffre total de notre trafic que pour une somme infime :
le commerce des cotonnades était monopolisé par les maisons
anglaises et allemandes, qui avaient su imposer leurs marques
et étaient parfaitement outillées du reste pour satisfaire tant au
goût de l'indigène qu'à son désir de payer bon marché. Même
après la campagne, en 1896, sur le chiffre total de 14.000.000
d'importation, notre commerce ne figurait pas pour 6.000.000.
En 1897, la situation change : sur 18.000.000 nous importons
pour 10.000.000. En 1898, pour 16.000.000 sur 21.000.000. Enfin
en 1899, toujours pour le seul port de Mananjary, sur 1.696.482
francs de tissus de coton, l'Angleterre fournit pour 5.295 francs
et l'Allemagne pour 2.035 francs de tissus imprimés. Ce résultat
n'a pas été obtenu sans peine, vous le pensez bien. Quant aux
moyens, ils ont été de plusieurs sortes. D'une part en effet, les
encouragements donnés aux chambres de commerce sous forme
de renseignements documentés fournis par la colonie, et aussi
il faut bien le dire, le merveilleux élan colonial qui s'affirme
chaque jour en devenant pratique, c'est-à-dire en modifiant
notre outillage et notre production. D'autre part, l'application
du tarif général des douanes qui a fait définitivement triompher
sur les marchés de la grande île nos toiles françaises, le tarif
maximum étant appliqué aux tissus de provenance étrangère.

En réclamant cette application dont le résultat tout entier
doit aller à l'industrie métropolitaine, la Colonie a fait œuvre
d'abnégation. Elle s'est imposée un lourd sacrifice qui, chaque
année, se traduit dans sa caisse par le déficit des droits payés
autrefois par les maisons étrangères. La recette, si l'on se
reporte aux chiffres précédents, était importante. La perte a été
sensible au budget local, mais plus sensible encore le coup qui a
frappé nos rivaux en plein cœur, s'il faut s'en rapporter à leur
mauvaise humeur.

Toutes les armes ont servi du reste à la jeune colonie dans
cette lutte pacifique de la défense des intérêts de la mère-
patrie, et en particulier la plus moderne et la plus redoutable
de toutes, la réclame. Consultez donc, si vous en avez l'occasion,
le journal de Tananarive et ses dessins de troisième page.
Vous verrez comment les indigènes ont été convaincus de la
qualité de nos produits, et mis au courant de nos marques.

Il est vrai que peu de temps après, un journal satirique d'Europe représentait notre Gouverneur général derrière un comptoir achalandé de nègres, où toutes les marchandises étaient étiquetées « France ». Peut-il être fait, Mesdames et Messieurs, une plus claire justification des mesures prises et un plus naïf éloge de celui qui les a fait prendre ?

Le commerce d'exportation, qui aurait dû suivre la progression du premier dans sa marche ascendante, n'a pas réalisé d'aussi rapides progrès. De 3.500.000 fr. en 1896, il est passé à 5.000.000 en 1898 : il a cependant déjà sensiblement augmenté en 1899. La cause en est peut-être très simple. Elle réside, croyons-nous, principalement dans la paresse innée de l'indigène. Au cours de ces trois dernières années, en effet, la présence, dans les régions les plus favorables à l'importation, des troupes d'occupation, la centralisation sur Tananarive, la consommation dans ce point des denrées locales ont assuré à l'indigène une source de revenus faciles qui lui ont amplement permis de satisfaire ses goûts. Au lieu de chercher péniblement dans les forêts le caoutchouc, les gommes et les cires, d'aller récolter dans les marais le raphia et le crin végétal, de travailler en un mot, il se contentait de vendre sur place ce qu'il récoltait sur place.

Joignez à cette cause, pour les bœufs par exemple, les pertes subies pendant la guerre d'abord, l'insurrection ensuite ; le temps nécessaire à l'élevage pour fournir de nouveaux produits, et vous vous rendrez compte des raisons qui justifient ce retard.

Ces raisons se modifient ou disparaissent désormais chaque jour : le mouvement ascensionnel de l'exportation va s'accentuer rapidement.

Cette rapide étude du commerce de Madagascar serait trop incomplète, si je ne vous parlais du nombre de commerçants existant actuellement là-bas. A la date du 31 décembre 1899, le total se décomposait ainsi :

Français   625
Autres Européens ou assimilés   486
Indigènes. 5.456
Africains   207
Asiatiques   644

Les deux nombres qui peuvent présenter pour nous le plus d'intérêt sont les deux premiers : ils donnent un total de *onze cent onze* commerçants Européens ou assimilés, répartis sur toute la surface de l'île dans cette proportion :

Tamatave . . .   186
Majunga. . . .   110
Mananjary. . .   51
Tananarive . .   103
Fianarantsoa. .   46

Pardonnez-moi ces chiffres, mais nous aimons à étayer nos dires. De leur ensemble, il ressort en effet qu'une concurrence sérieuse existe dans ces différents points. Toute tentative commerciale faite sur l'un quelconque, devra donc s'appuyer soit sur l'introduction de produits nouveaux, soit sur une diminution de prix de vente des produits anciens provoquée, ou par l'amélioration des procédés de fabrication ou par des conditions spéciales et particulières de transport ou de trafic. Mais de pareils résultats ne peuvent être atteints que par des maisons importantes et non par de petits commerçants, énergiques et actifs, mais manquant des moyens nécessaires.

D'autre part, le premier tableau vous indique un nombre considérable de commerçants indigènes : — 5.456 — qui démontre amplement que tout le petit commerce est aux mains des naturels. Eux seuls ont la patience voulue pour débattre pendant des heures le prix d'un mètre de toile ou d'un article de bimbeloterie ; eux seuls iront dans des villages de dix cases échanger patiemment les marchandises Européennes achetées au chef-lieu de la province contre les produits naturels recueillis par leurs compatriotes. Il n'y a pas de place non plus de ce côté pour nos petits commerçants.

Donc, au lieu d'encourager le départ de ces derniers, c'est aux commerçants qui existent actuellement à Madagascar qu'il est nécessaire de donner des encouragements. C'est par les maisons solides et sérieuses ayant fait leurs preuves dans le pays, que votre expansion peut s'exercer. Renseignez-vous auprès d'eux sur les besoins réels et les goûts des indigènes dans chaque région, favorisez la fabrication en France des produits destinés à satisfaire ces goûts. C'est en venant en aide au besoin, par l'appui de vos capitaux et de vos influences, aux commerçants de probité et d'initiative éprouvée, que vous pourrez contribuer utilement au développement économique de Madagascar et tirer de vos efforts un profit assuré.

Les différences d'aptitudes que nous avons déjà constatées parmi les diverses tribus de l'île, se manifestent et s'accentuent davantage, Mesdames et Messieurs, si l'on étudie les productions, bien que rudimentaires, de l'industrie locale. Sur les côtes en effet, les produits fabriqués jusqu'à ce jour ne sont pas nombreux : il semble que la seule tentative sérieuse ait été provoquée par le besoin de se vêtir. Du Nord au Sud, sur les côtes Est et Ouest, les indigènes fabriquent l'étoffe de rafia connue sous le nom de rabanne, par pièce de 3 mètres de longueur sur 0 m. 60 environ de largeur, blanche, rayée de noir, ou bigarrée de teintes multicolores. On en trouve du reste aujourd'hui sur les marchés de France. Le rafia étant un arbre de région côtière (il pousse mal au-dessus de l'altitude de 200 mètres), cette fabrication est évidemment originaire de la côte. Aussi les rabannes Betsimisaraka et Antankara sont-elles très supérieures à celles de l'intérieur, toujours grossières. Or ces dernières sont seules connues en France : nous croyons qu'il y aurait intérêt à présenter les autres. Il en est de même aussi pour la vannerie fine. Celle qui provient de la côte Est est très supérieure à celle de Tananarive, sauf pour l'article chapeaux, dont la côte ignore la fabrication. Mais en dehors des rabannes et de la vannerie, l'industrie des malgaches riverains de la mer est nulle. Quelques tribus façonnent grossièrement des outils ou des armes de fer, fabriquent des rhums de qualité détestable, préparent généralement assez mal des peaux de bœufs. Il n'y a

BIBLIOTHÈQUE R. F.

3

dans ces essais que des tentatives rudimentaires que le caractère des indigènes empêchera toujours de progresser.

Il n'en est pas de même sur les hauts plateaux. La race qui les habite, Hova ou Betsiléo, est essentiellement industrieuse, et ses aptitudes se révèlent dans toutes ses productions, le vêtement, l'alimentation et même le bâtiment. Bien avant que des Européens leur aient importé des produits et des procédés de fabrication, les tribus de l'intérieur produisaient des étoffes de soie renommées et nos anciens voyageurs parlent avec admiration des pagnes de soie décorée que ces peuplades payaient chaque année en tribut aux chefs Sakalaves. Avant l'apparition des Européens à Tananarive, c'est-à-dire à la fin du xviiie siècle, les artisans Hovas étaient déjà groupés en corporations ; les charpentiers, les forgerons, les tisserands et les orfèvres avaient leurs privilèges. Ce sont ces corporations que notre compatriote Laborde développa vers 1835 : il adjoignit aux précédents des tanneurs, des potiers, des fabricants de chandelle et de savon, des briquetiers, etc.... Ce sont ces mêmes corporations enfin que le Gouverneur général a voulu rajeunir et perfectionner par la création de l'Ecole professionnelle de Tananarive. Si j'ai insisté sur ces aptitudes des Hovas déjà vieille, c'était pour vous faire mieux sentir l'importance capitale qu'elles pouvaient présenter pour notre influence, et la mise en valeur de la colonie. Sous l'empire de cette conviction, le général Galliéni a voulu étendre et ramifier ces anciennes corporations, localisées jadis à Tananarive, en généralisant l'instruction professionnelle, par la mise en pratique d'un programme d'enseignement où le travail manuel tient une large place. L'Ecole professionnelle de Tananarive comprenant, avec des contre-maîtres Européens et un outillage complet, des ateliers de tissage, de poterie, de tannerie et de corroierie, de menuiserie, de forge et d'ajustage, de ferblanterie et d'horlogerie, est une pépinière de recrutement pour l'enseignement des écoles régionales, qui elles devront former des ouvriers locaux destinés à seconder nos compatriotes. Dans ce sens les écoles d'Ankazobé et de Manjakandriana ont prouvé le concours qu'on en pouvait attendre. Mais c'est aussi et surtout un groupement d'essais, poursuivis pratiquement par des spécialistes d'une façon constante et régulière, que l'Ecole professionnelle de Tananarive assure à la colonisation.

Et n'est-ce pas le seul moyen, Mesdames et Messieurs, d'épargner à nos compatriotes des essais longs et coûteux ? N'est-ce pas la mise en pratique une fois de plus des vrais principes de colonisation : outiller le colon en simplifiant les formalités. La même préoccupation explique les travaux des divers services de la colonie : ce sont les résultats qui ont été exposés au Trocadéro et de ce groupement se dégage nettement l'idée qui a présidé à son organisation. « Voilà ce qui a été fait en 4 ans : profitez des essais, et décidez vous-même ».

Au point de vue spécial qui nous occupe, il est hors de doute que les industries du cuir, de la soie, du coton peut être pour une consommation locale, sont susceptibles d'un grand développement.

La facilité avec laquelle le mûrier pousse partout, le nombre d'éducations qu'il est possible de faire et aussi la présence de la main-d'œuvre dans les régions propres à cette exploitation, permettent de compter sur des résultats sérieux annoncés par les essais précédents et corroborés par de récents. Pour le bâtiment, les industries du fer dont le minerai existe partout en gisements considérables, exploité et façonné déjà par les indigènes, de la brique et de la poterie pratiquées également avec des procédés rudimentaires par les naturels, du bois dont les essences variées sont propres à tous les travaux de charpente, de menuiserie, d'ébénisterie et de charronnage, attendent pour prendre leur vrai développement l'amélioration des moyens de transport. Ces industries sont restées localisées jusqu'à ce jour et par suite improgressives, les lieux de production n'offrant à proximité qu'une consommation restreinte.

Quant à l'alimentation, les essais de conserve pratiqués à Diégo-Suarez, de féculerie et de savonnerie actuellement tentés sur la côte Ouest, de distillerie en fonctionnement sur la côte Est sont encourageants.

Que de secrets enfin recèle encore la forêt dans ses gommes, ses résines, et ses sous-produits de toutes sortes. Que d'industries, dont les éléments sont latents, dans les couleurs et les parfums par exemple. Ils peuvent tenter les laboratoires de

France qui, sur l'initiative des commerçants, s'inquiètent de la défectuosité des couleurs minérales. Quelle différence entre les anciennes étoffes Malgaches teintes avec des produits végétaux et les modernes colorées avec les dérivés de l'aniline !

En résumé, si le bagage industriel de notre jeune colonie est encore léger, les ressources susceptibles de l'augmenter ne manquent pas. Lorsque le chemin de fer assurera les communications et desservira des régions inexploitées pratiquement jusqu'à ce jour, ces ressources virtuelles deviendront rapidement réelles, nous en sommes convaincus. C'est ce moment qu'il faut préparer : il serait temps peut-être de faire des prospections pour toutes les industries comme il en a été fait pour l'industrie minière. Est-ce à dire que ces dernières ont été complètes, et que la collection présentée dans la salle du service des Mines de l'Exposition contient tous les spécimens des roches ou minerais de la grande île ? Il ne faut pas oublier, Mesdames et Messieurs, que depuis deux ans seulement les prospecteurs ont pu marcher sur les pas de nos soldats. Que de régions non parcourues encore ! Et combien peu ont pu être examinées à fond ! Pendant longtemps, les troupeaux de bœufs ont parcouru la brousse du Transvaal, là où s'élèvent maintenant des villes : des prospecteurs y étaient passés et avaient foulé aux pieds le sol qui dissimulait le filon. A Madagascar jusqu'ici, on a trouvé de l'or partout dans les alluvions, sur les points où les indigènes l'exploitaient autrefois, et sur d'autres ; mais nulle part, en quantité suffisante pour justifier une importante exploitation. De temps en temps, la découverte d'une poche ranime le courage des anciens et excite la cupidité des nouveaux venus. Mais l'inégalité de rendement et la faiblesse générale de teneur sont des causes, soit dit sans engager l'avenir, qui ne permettent pas l'organisation de sociétés à gros capitaux, grevées par suite de frais généraux tels que l'intérêt et l'amortissement mangeraient le bénéfice. Il en sera ainsi jusqu'au jour où pourront être découverts les bienheureux filons qui se contentent de nous envoyer à chaque saison des pluies quelques bribes de leurs trésors, arrachés par les érosions des torrents.

De plus, il est à remarquer que le procédé de la battée, employé par l'exploitation actuelle, nécessite une main-d'œuvre considérable. La faiblesse de teneur ne permettant pas au concessionnaire de payer la journée à un taux élevé, l'indigène, peu enclin déjà par tempérament au travail, ne se soucie guère des quelques sous qu'on lui offre. Que de concessionnaires sont venus se plaindre du manque de bras, et réclamer de l'administration une intervention qui se traduisait par des Kabary ou palabres officiels ! Momentanément les travailleurs revenaient, puis les chantiers se vidaient à nouveau ; dans tous les pays du monde, l'ouvrier consent difficilement à faire un travail qui ne paie pas.

Quant aux autres minerais, plomb, cuivre, nickel, leur exploitation est intimement liée à la question du transport. Quelque soit en effet leur rendement, il est impossible de songer actuellement à en tirer parti. Des exceptions cependant peuvent se présenter : les gisements de cuivre de l'Ambongo au sud de Majunga en sont une preuve ; le minerai est beau et peu éloigné de la mer. Je le cite comme exemple, bien qu'on n'en ait pas encore tiré parti ; pour mémoire aussi je citerai les gisements de lignite signalés l'année dernière.

Donc dans les mines également, des documents, bien qu'incomplets, ont été recueillis. Quant aux essais faits par les particuliers, essais encouragés et appuyés avec la plus large bienveillance par l'administration locale, ils ne peuvent inciter à la formation de sociétés industrielles, pour le moment du moins.

Il en est autrement en ce qui regarde l'agriculture. La structure même de l'île, dont le point culminant atteint 2.700 mètres, sa division en plateaux et en vallées largement arrosés, les conditions climatériques spéciales, ont pour résultat de développer dans les bonnes terres une végétation abondante et de provoquer dans les terres médiocres des récoltes suffisantes. Si nous étudions en effet l'échantillonnage des terrains que les différentes provinces ont envoyés à Paris en vue de l'Exposition, et dont les analyses ont été faites à l'Institut agronomique, échantillonnage qui ne comprendra pas moins de 500 essais différents, nous relevons une majorité de terres médiocres. Placées dans des conditions normales, elles ne produiraient que de piètres résultats. Or, les expériences locales prouvent souvent le contraire. C'est que ces documents doivent, pour avoir leur valeur, être complétés par des documents thermométriques, pluviométriques· et hygrométriques sur chaque point. C'est seulement le jour où ces documents auront été recueillis et rassemblés, que la carte agricole de l'île actuellement en cours deviendra un travail définitif. On se raconte dans les laboratoires, la mauvaise farce faite par un planteur du Brésil à l'un de ses amis ingénieur agronome. Une douzaine d'échantillons de terre provenant d'une plantation de café en plein rapport furent expédiés en Europe sous un nom supposé. Trois mois après, ils revenaient du laboratoire avec une analyse détaillée que corroborait cette lamentable phrase : terre impropre à toute culture. Que les chimistes me pardonnent de rappeler ce fait, et qu'ils s'excusent sur les documents incomplets. A Madagascar, il est hors de doute que de grands espaces resteront improductifs, ceux dans lesquels l'argile rouge compacte, battue par les pluies, forme un glacis rocailleux, sec de stérilité.

Mais à côté de ces pentes, que de vallées, marécageuses actuellement, n'attendent qu'un drainage rudimentaire pour se transformer en champs de culture, et sur les côtes, que de belles terres restent enfouies sous une brousse épaisse.

A l'étude des propriétés constitutives du sol, par l'analyse et les observations, le service de l'agriculture a adjoint une expérience complémentaire pratique, dont les résultats seront évidemment précieux pour nos colons : je veux parler des jardins d'essais. Il en existe actuellement à Tananarive, Fianarantsoa, Tamatave, Mananjary, Majunga et Fort-Dauphin : chacun est dirigé par un spécialiste. Le principe même d'après lequel ces champs d'expériences ont été établis est un sûr garant des renseignements qu'ils peuvent fournir.

Il est évident en effet, que des plantes placées dans des conditions spéciales de fumure, d'abris et d'arrosages, donneraient des résultats partiels, extraordinaires, qui étendus à la grande culture pourraient occasionner de tristes mécomptes. Afin d'obvier à un pareil danger tous les essais sont faits dans les conditions qui sont à la portée de tous. De plus, des expériences de culture intensive juxtaposées apprennent le parti maximum qu'on peut tirer des ressources locales. Enfin pour compléter cet ensemble, la plante importée est étudiée au point de vue de l'acclimatement : plusieurs espèces introduites sont actuellement en train de s'indigéniser. Si certaines graines en effet dégénèrent et ne peuvent assurer qu'un produit malingre après un ou deux semis, il en est d'autres, qui trouvant sans doute un terrain propice, prennent une force nouvelle. Déterminer celles-ci et en favoriser le développement, est une question primordiale. En revanche, quelques plantes productives dans certaines conditions climatériques restent stériles dans d'autres, il semble que parmi les caoutchoucs importés, plusieurs soient dans ce cas : ils donnent une végétation rapide et abondante, mais peu de *latex*. L'importance de pareilles expériences, destinées à faciliter au plus haut point l'installation des nouveaux venus, vous frappera, Mesdames et Messieurs. Vous comprendrez comment la création des jardins d'essais a été dans l'œuvre d'organisation, le juste pendant des écoles professionnelles, dans le même ordre d'idées.

De même que pour ces écoles, l'extension de l'enseignement aux provinces en assure le développement, de même les encouragements à la culture donnés aux indigènes étendent et complètent l'œuvre des jardins d'essais, en assurant l'amélioration des ressources locales. L'introduction de la charrue, appelée à modifier dans certaines régions pauvres en main-d'œuvre la culture des rizières ; le renouvellement des semences, pratiqué d'une façon méthodique, et aussi le soin plus grand apporté à l'entretien des digues et des canaux d'irrigation, ont déjà profondément changé depuis trois ans les récoltes locales. L'incurie de l'indigène était telle, qu'il laissait parfois dans sa rizière l'eau des inondations pourrir les tiges mûres, plutôt que de lui assurer par une heure de travail un écoulement rapide. Contre cette même incurie, après l'insurrection, l'administration a dû prendre des mesures défensives en forçant les habitants de plusieurs régions à cultiver leurs rizières envahies par les herbes : tout terrain restant inculte était confisqué par l'Etat. Ces diverses mesures ont eu pour résultat d'augmenter considérablement le nombre des terres cultivées : le défrichement des marais dans tous les centres habités est en voie de succès.

Des concours agricoles enfin, organisés dans ces centres, ont provoqué l'émulation des indigènes par l'appât des récompenses ou même par le simple amour-propre, aiguillonné par la satisfaction chez le vainqueur de lire dans le Journal officiel de la colonie, son nom au-dessous d'un prix. Car puisque nous parlons de culture, fût-elle intellectuelle, nous devons constater que presque tous les indigènes de l'Imerina savent lire.

En dehors des cultures vivrières, limitées du reste à la consommation annuelle de la famille, le Malgache ne pratique pas la culture des produits de vente. Parfois son jardin contient quelques caféiers dont la récolte lui procure quelques piastres, des pêchers dont il vend les fruits encore verts, mais d'une façon générale nous n'avons vu aucun exemple d'exploitation installée par lui et pouvant donner lieu à un rapport constant. C'est ce qui rend nécessaires les expériences méthodiques de culture en grand, et justifie encore la création des jardins d'essais.

Cet examen rapide des conditions actuelles de l'agriculture à Madagascar et des moyens employés pour l'améliorer doit être complété par l'étude des débouchés qu'elle présente à l'initiative européenne. Là encore, c'est le relief schématique de l'île qui doit nous servir de guide, en établissant à la fois, et les zones de cultures distinctes, et du même coup, celles où l'Européen peut travailler. C'est sur les hauts plateaux seulement, dans les climats tempérés où les accès de fièvres pernicieux sont inconnus, que le petit colon peut se livrer aux travaux des champs. Or les hauts plateaux manqueront de débouchés jusqu'à ce que le chemin de fer soit construit ; donc, jusqu'à ce moment-là, le petit colon ne peut pas venir faire de culture à Madagascar. On citera l'exemple d'hommes robustes, courageux, qui ont pu à force de bras, c'est le cas de le dire, se constituer dans le sol de l'Imerina un patrimoine actuellement en voie de prospérité. Mais tous ceux là, et ils ne sont pas nombreux, étaient habitués au pays : soldats libérés ou anciens employés de l'administration locale, ils avaient fait ou vu faire des expériences dont ils ont profité. Dernièrement, sur la route de Tananarive, aux environs de Manjakandriana je voyais marcher devant moi l'un d'eux. Je le hélai : il allait au marché voisin vendre des bestiaux, rayonnant et guilleret. Il était arrivé en 1897 sans argent : pourvu d'un petit emploi près de la forêt, il travailla, étudia les ressources du pays, se mit en relations avec les indigènes. Toutes les facilités lui furent données : il obtint une concession, fit venir sa femme, et aujourd'hui la culture et l'élevage, en lui garantissant l'existence, lui donnent encore les moyens d'augmenter son exploitation. « — Vous allez voir le général avant moi, me disait-il, tout ému : dites lui que ça marche bien, et grâce à lui. — » Vous ne m'en voulez pas, mon général, de vous faire cette commission ici.

La sollicitude du gouvernement de la colonie a pu ainsi guider et soutenir à travers les difficultés des premiers moments quelques initiatives. Plusieurs militaires libérés ont réussi à s'installer et à mettre en valeur des entreprises agricoles dans les différentes provinces des hauts plateaux ; mais, je le répète, il faut tenir compte de l'expérience qu'ils avaient acquise pendant leur temps de service, expérience faite sans frais pour eux. C'est évidemment un moyen de colonisation : il épargne les essais coûteux et permet à l'homme de vivre en consacrant tout son pécule à la mise en valeur de la concession. Aussi l'avenir doit de plus en plus développer le nombre de ces colons choisis parmi nos soldats du corps d'occupation. Les mesures récentes prises sur l'initiative du gouverneur général par M. le Ministre de la Marine, le permettront. Elles assureront à la colonie le recrutement de forces vitales et d'énergies éprouvées et faciliteront éminemment la colonisation de l'avenir, en préparant celle-ci dans la période ingrate des débuts, due au manque de moyens de transport.

Si les conditions climatériques d'une part pour les régions basses, et économiques de l'autre pour les régions hautes, excluent pour le moment la petite colonisation, quelle part doit être faite à la grande, à celle qui dispose de capitaux ? Le problème ici, Mesdames et Messieurs, me semble plus net, et offre une solution catégoriquement favorable.

Toute société pourvue des capitaux nécessaires doit réussir et prospérer, si ses affaires sont gérées par un homme au courant du pays, actif et prudent. Il est toutefois souvent, une cause d'arrêt, de gêne dans la marche des affaires coloniales, qu'il est bon de signaler. Dans toute société, le conseil d'administration qui a fait choix de son directeur, qui a confiance dans sa valeur et dans sa probité, doit lui laisser la plus grande initiative. Ce n'est pas de France qu'on peut mener des affaires à Madagascar : il n'est possible que sur place de se rendre compte de l'opportunité des mesures à prendre. Il est évident que la responsabilité du directeur est lourde ; mais encore une fois, avant de le nommer, choisissez-le. Avant de lui confier vos pouvoirs, consultez-le ; agissez avant de le mettre en route, mais laissez-le agir ensuite comme il le voit et comme il le comprend, sans le fatiguer de câblogrammes dont le seul résultat est d'embrouiller toujours et de paralyser les affaires.

La grande culture doit donc réussir à Madagascar. Dans l'intérieur, les terrains devront être judicieusement choisis, car ainsi que nous le remarquions, certaines régions sont médiocres. Toutefois, de vastes étendues, bien irriguées, peuvent être cultivées.

Le tabac, le coton, le mûrier, le thé, le maïs, les arachides y donnent un rendement sérieux constaté. Le riz, dès que l'exportation en sera possible, pourra être fait dans des conditions avantageuses : enfin, tous les légumes d'Europe poussent sur les hauts plateaux ainsi que les arbres fruitiers : il en sera de même de plusieurs céréales. Sur les côtes, les zones de culture sont déterminées par le plus ou moins d'éloignement des montagnes par rapport à la mer. Toute la côte Est et la partie Nord de la côte Ouest se prêtent aux cultures tropicales, alors que le reste de la côte Ouest où les terrains bas s'étendent sur une largeur parfois considérable, où les vallées des fleuves forment de vastes trouées, semble comporter plutôt des exploitations d'élevage.

Le cacao, la vanille, le café, le copra ont été essayés et sont cultivés partout sur la côte Est : les régions de Mananjary, de Mahanoro, de Vatomandry, de Tamatave et de Vohémar sont en exploitation, ainsi que le Sambirano, Nossi-Bé et la côte qui lui fait face. J'ai vu sur la côte Nord-Est de fort belles vanilleries, à l'Ouest des plantations de cocotiers en pleine prospérité. Toutes ces plantes font partie des cultures riches, mais il existe aussi des cultures simples qui, entreprises sur une grande échelle, pourraient assurer aux paquebots de retour un fret important : le ricin, par exemple, pousse à l'état sauvage dans toute l'île. Qu'il me soit permis également de signaler une plante textile encore inconnue, qui croît abondamment et sans culture sur la côte Ouest, facile à décortiquer, et dont la fibre est très résistante. Des échantillons sont entre les mains de M. le Docteur Heckel, qui nous fixera prochainement sur sa valeur industrielle. Que d'autres plantes encore attendent qu'on songe à elles ! Puisse ce rapide examen avoir inspiré à quelques-uns d'entre vous le désir de pousser plus à fond les investigations et de soumettre à l'administration de la colonie des demandes complémentaires de renseignements sur des points spéciaux. Chaque année ces demandes sont nombreuses : il y est régulièrement répondu et plusieurs de ces réponses sont reproduites, quand il s'agit d'intérêt général, dans le Journal Officiel.

Nous abordons maintenant un chapitre spécial des exploitations agricoles, le plus important : celui de l'élevage. Le bœuf existe partout à Madagascar : il est la base de la nourriture des habitants, et autrefois toute fête de famille était le signal d'une hécatombe. La guerre et l'insurrection ont eu pour résultat de diminuer dans une proportion notable le nombre des têtes de bétail existant. La nécessité de se nourrir fit tuer souvent, de part et d'autre, un bœuf pour quelques hommes ; les rebelles, de leur côté, ont détruit des troupeaux entiers pour les empêcher de tomber dans nos mains. Parfois aussi, une fuite précipitée jalonnait le sentier de bêtes mortes d'épuisement.

Aussitôt la lutte finie et les anciens centres occupés, la colonie par une série de mesures s'est efforcée de revenir d'abord à l'ancien état de choses, puis de l'améliorer. C'est ainsi que l'abatage des vaches a été interdit et que l'exportation des bœufs reste frappée de droits proportionnels, défendue même sur certains points.

La reproduction se faisant de façon régulière et constante, il est hors de doute que le nombre des têtes de bétail ira rapidement en augmentant. L'espèce est le bœuf zébu : court, trapu dans les régions de l'intérieur, il est plus grand, un peu dégingandé sur les côtes. Le bœuf sans bosse existe également sur les hauts plateaux et dans la région du Sud-Ouest. Il est généralement plus petit que l'autre. De tout temps le bœuf de Madagascar a servi à l'alimentation de Maurice, de la Réunion, et de quelques points de la côte de Mozambique. Les évènements qui depuis dix ans se préparent et se déroulent dans le Sud-Africain ont donné ou plutôt donneraient à cette branche commerciale une importance considérable pour Madagascar. Au mois de février, j'ai vu des bœufs pris à Fort-Dauphin qui revenaient rendus à Lourenço-Marquez à 135 francs l'un : ils étaient vendus à bord, sans autres frais par conséquent, 275 francs pièce : soit un bénéfice de 140 francs, gagné rapidement et sans grands risques. Ces opérations, par suite des mesures prohibitives prises dans l'intérêt de la colonie ne peuvent être que limitées. Mais il n'en sera pas de même dans l'avenir. L'acheteur de Lourenço-Marquez, un fermier dont l'exploitation est à quelques kilomètres de la ville, m'avouait que le même bœuf, après quinze jours de repos était revendu par lui 400 francs actuellement. Il ajoutait qu'il ne gardait jamais longtemps les animaux qui, après quelques semaines, au lieu de progresser dépérissaient. Or, étant donné que le développement industriel du Sud-Africain, et par suite la consommation, doivent aller en augmentant ; que dans cette partie de l'Afrique, le climat, la mouche et les épizooties fréquentes font de grands ravages dans le bétail, c'est en dehors du territoire africain que les approvisionnements de bestiaux seront puisés. Madagascar, par sa proximité, semble indiquée comme réserve. Justement préoccupée de ce débouché alors qu'il n'y a eu jusqu'à ce jour sur son territoire ni animaux nuisibles, ni maladies contagieuses dans l'espèce bovine, la colonie a encouragé par l'octroi de vastes concessions et des avantages réels, la venue de grandes sociétés d'élevage. Plusieurs sont en voie d'installation : nous avons la ferme conviction qu'elles réussiront, si elles pratiquent un élevage méthodique, une amélioration de la race existant par l'introduction de taureaux de races appropriées et des essais constants de sélection judicieusement poursuivis. Tout est à faire, il ne faut pas se le dissimuler : mais les deux éléments primordiaux du problème existent sur place : le bétail et le pâturage.

Il suffit de chercher à améliorer l'un et l'autre, tâche facile, que la certitude du débouché rend singulièrement intéressante.

Avec le bœuf, le mouton, la chèvre, le porc, la volaille existent partout dans la grande île. Le mouton à grosse queue, très abondant sur les plateaux de l'intérieur, est de qualité inférieure. Sa laine ou plutôt son poil est impropre à l'industrie ; sa chair est fade ; c'est une espèce à modifier complètement par des croisements. La chèvre est de bonne qualité ; le porc est excellent. Les volailles, enfin, principalement le canard et l'oie, sont belles. Leur exportation sur la côte d'Afrique où l'oie et la dinde sont rares, donne un bénéfice de 400 pour 100.

Des essais d'élevage de chevaux et d'ânes ont été tentés également aux environs de Tananarive : une jumenterie avait été installée à Ampasika. Les résultats ont été médiocres : remarquons qu'ils ont confirmé des expériences déjà faites en Europe et en Afrique. Le croisement semble devoir se pratiquer non par l'importation des femelles, mais par l'introduction dans le pays des mâles de race nouvelle. Sans ériger ce fait en principe absolu, il est sage d'en tenir compte, ne serait-ce que pour provoquer des expériences contraires. C'est ce qu'a fait l'Administration locale. La jumenterie a été supprimée, et un dépôt d'étalons créé à sa place a donné déjà des résultats beaucoup plus satisfaisants. Toutefois, nous signalons l'élevage du cheval comme une tentative partielle, non généralisée encore, tandis que l'élevage du bœuf est pratiqué partout.

Vous le voyez, Mesdames et Messieurs, ce sont des essais, toujours des essais, que la Colonie s'est imposés dès qu'elle a pu faire acte d'existence. Prohibant par des mesures restrictives le gaspillage de ses ressources naturelles, encourageant par d'autres leur développement, elle a mis elle-même la main à la pâte. Pour l'exploitation forestière encore plus que pour toute autre, elle a dû se montrer gardienne jalouse du patrimoine pour l'avenir. D'une part, en effet, pour la plantation facile de leur riz les indigènes avaient pris l'habitude de dévaster des hectares de forêts par l'incendie. D'autre part, pour l'exploitation des arbres, les indigènes et, il faut l'avouer, beaucoup d'Européens, abattaient à tort et à travers et sans esprit de suite. Une réglementation implacable d'abord a coupé le mal dans sa racine : elle est et elle sera modifiée au fur et à mesure des besoins. Les ressources forestières consistent-elles dans les essences rares ou dans les sous-produits ?

Quels que soient le nombre et la variété, la richesse et le coloris des essences rares dans la forêt malgache, il est douteux que nos bois, qui rivalisent en qualité avec ceux de la Guyane et de l'Afrique Occidentale, puissent être une source de revenus importants pour l'exportation. Cela tient à des causes générales, et non particulières.

Les bois, dits bois des îles, ont considérablement diminué de valeur, vous le savez, tant à cause de l'excès de production que de la diminution de consommation. A notre époque le pitchpin s'est installé partout comme mobilier des classes moyennes ; quant au meuble de luxe, le « modern style » a imaginé l'horrible bois peint, d'un goût déplorable, et indigne de notre vieil art décoratif français. N'est-il pas désolant de voir nos musées pleins de richesses artistiques mobilières que l'étranger vient admirer, et d'emprunter à ce même étranger ses productions baroques, fruit d'une imagination stérile et ignorante ? Cette tendance a eu pour résultat de reléguer au second plan les bois de luxe que quelques amateurs seulement recherchent encore. Aussi croyons-nous qu'en dehors d'une production restreinte de ces essences, c'est par les sous-produits que la forêt malgache doit occuper le marché. Ils sont nombreux d'ailleurs. Les textiles d'abord, avec le raphia qui s'importe actuellement partout, soit sous forme de rabannes, soit comme fibres dans tous les pays vignobles ; ce commerce est en progression constante. Puis les gommes, avec le caoutchouc en première ligne. Les plantes laticifères sont extrêmement nombreuses à Madagascar, soit comme arbres, soit comme lianes. Sur certains points, elles sont encore abondantes ; malheureusement les saignées faites par les indigènes ont bien souvent tué la plante elle-même. Plusieurs de nos commerçants se sont préoccupés de la replantation, et ceux qui ont fait leurs expériences avec des plantes originaires du pays, ont été bien avisés. Au lieu, en effet, de chercher à acclimater péniblement des végétaux dont les qualités productives peuvent se modifier dans une terre et avec des conditions climatériques différentes, pourquoi ne pas avoir recours aux espèces locales. Des essais intéressants ont été faits dans ce sens au jardin de Fort-Dauphin. On s'est procuré de la graine « d'Intisy », ce caoutchouc du Sud dont les rameaux ressemblent à des branches de corail vert. On les a semées, et j'ai vu à mon passage en ce point, au mois de février, des plantes de belle venue. Sur la côte

Ouest, au nord de Majunga, des boutures de « barabanja » ont été faites ; elles paraissent réussir. Or, vous le savez, la qualité du caoutchouc de Madagascar, débarrassé des impuretés que la négligence ou même l'astuce des indigènes y introduit, a été reconnue de premier ordre. Tenons-nous en donc aux espèces locales. Améliorons-les par une culture rationnelle, mais tâchons avant tout de connaître leurs lois de développement, et appliquons-nous à en multiplier les plants.

Avec les caoutchoucs qui ne comprennent pas moins de vingt espèces viennent les gommes copals, les résines telles que le ramy, le dinty, l'harongana, etc..., toutes sauf le ramy encore inconnues en France, et enfin les matières colorantes que je vous signalais plus haut. Voilà la véritable mine à explorer : elle contient des richesses virtuelles que des recherches patientes et méthodiques mettront au jour.

Avec ce rapide coup d'œil sur les produits forestiers, prend fin l'examen des ressources principales de Madagascar. Si les produits existent, encore faut-il avoir le moyen de les exploiter, et les débouchés nécessaires à leur embarquement. Il me reste donc à vous parler, Mesdames et Messieurs, de la question de la main-d'œuvre, des voies de communication et des ports d'embarquement.

La main-d'œuvre, nous venons de le voir pour l'exploitation minière, est un des grands problèmes de la mise en valeur de Madagascar. Il s'accuse par le simple examen d'une carte. Alors en effet qu'une agglomération considérable signale les plateaux de l'Imerina et du Betsiléo, dans le reste de l'île, sauf quelques rares vallées, les villages sont très clairsemés ; sur une population totale de 3.500.000 habitants, l'Imerina et le Betsiléo, bien que représentant en superficie à peine le dixième de l'île, contiennent 1.500.000 habitants. Vous voyez d'ici les conséquences au point de vue commercial d'abord. Importation inférieure de moitié à ce qu'elle devrait être, exportation nulle, l'agglomération de population existant loin des côtes et les prix de transport étant considérables.

Au point de vue industriel et agricole mêmes conséquences ; de plus les terres de premier ordre sont dans les régions basses, c'est-à-dire là où la main-d'œuvre est plus rare.

Pour obvier à ce manque de bras dans certaines régions, frappé aussi des qualités colonisatrices du Hova, le Gouverneur général a essayé par des mesures d'encouragement, telles que dispenses d'impôts, concessions de terres, etc., de provoquer vers les régions occupées par nos colons un courant d'émigration. Ce courant, nous n'en doutons pas, sera singulièrement favorisé par la création du chemin de fer. Car, si le Hova, avide de gain, n'hésite pas à le chercher ailleurs, il recule devant l'éloignement qui lui interdit le retour au moins une fois par an dans la maison ancestrale. Les craintes de la maladie, de la mort, loin du tombeau familial seront atténuées par la possibilité d'un retour rapide. Les mesures prises jusqu'ici ont eu néanmoins un commencement de succès. Toutefois, il en est de la main-d'œuvre comme de toutes les questions entre Européens et indigènes. La personnalité de l'employeur, son expérience du pays, sa connaissance de la langue déterminent souvent à l'accompagner des gens qui ne marcheraient pas avec d'autres. Que de fois n'avons-nous pas eu à vaincre par une persuasion patiente les résistances d'indigènes qui refusaient un engagement. Et que de fois aussi, en sondant par une série de questions le fonds de ces résistances n'avons-nous pas entendu des réflexions de ce genre : « Nous irions bien avec lui, Monsieur, mais voyez donc comme il est grave ; il doit avoir bien mauvais caractère, il ne rit jamais ! » Une bonne plaisanterie a souvent tranché de petites difficultés, en tout pays du monde d'ailleurs, car Cyrano devant Arras ne fait pas marcher autrement ses cadets, à la Porte-Saint-Martin du moins.

Tout ceci vous explique, Mesdames et Messieurs, pourquoi et comment l'administration est obligée de s'immiscer, bien malgré elle souvent, dans les engagements. L'homme est loin d'être parfait, et les armes que la législation fait défensives à son profit, il cherche très naturellement à les transformer en offensives. Voilà pourquoi la première réglementation de la main-d'œuvre, bien que conçue dans l'esprit le plus libéral pour l'employeur comme pour l'employé, dût être reprise et revisée à la suite d'abus ; quelques employeurs s'estimant bien protégés étaient rapidement devenus protecteurs et protégeaient à leur tour l'employé, moyennant caution bien entendu. Le mal fut coupé net et la nouvelle réglementation assurera davantage les droits respectifs des uns et des autres, en affirmant les devoirs de tous, envers la colonie.

Heureusement du reste, les grandes entreprises à préconiser actuellement, telles que l'élevage, n'exigent pas une main-d'œuvre considérable. Une seule exploitation, celle des mines, qui a besoin de milliers de bras, pourrait souffrir de la situation présente, mais il suffirait pour tout changer que le travail en fût rémunérateur.

Au point de vue de la colonisation, il n'y a donc pas du côté de la main-d'œuvre un danger à combattre par une importation immédiate. Que la colonie cherche à augmenter dans certaines zones la population aborigène par l'introduction de races similaires pouvant faire souche, défricher et cultiver, c'est agir avec prévoyance ; elle y a songé, elle s'en occupe. Mais les exploitations existant ont la quantité de main-d'œuvre voulue ; la réglementation et l'habitude progressive du travail en amélioreront la qualité.

Le danger existerait si les grands travaux d'utilité publique, tels que chemins de fer, ports, etc., devaient être faits exclusivement avec la main-d'œuvre locale, ce qui ne sera pas. Pour mener à bien, en effet, ces grosses entreprises, la colonie s'est préoccupée de trouver ailleurs les bras qui lui sont nécessaires. Elle a envoyé sur plusieurs points des missions chargées d'étudier le recrutement des travailleurs. Elle n'hésitera pas à consentir de gros sacrifices pour ce recrutement, car c'est pour elle une question vitale, et sans toucher à ses forces vives de colonisation, elle assurera ses voies de communications qui lui sont si nécessaires.

Madagascar en effet, au lendemain de la conquête, était absolument dépourvu de routes. Péniblement le corps expéditionnaire avait tracé le sentier muletier qui avait permis de concentrer à Andriba les approvisionnements de la colonne légère. En dehors de cette piste, aucune voie praticable n'existait : l'insurrection fit éclater à nouveau cette triste vérité. Que de mal, que de peines ont eu nos malheureux soldats pour ravitailler le réseau des postes, au fur et à mesure que les mailles s'élargissaient et s'éloignaient de Tananarive. Dès l'arrivée du général

Galliéni, tout le monde se mit à l'œuvre. Jusqu'aux postes les plus reculés, l'élan se communiqua. Le chef avait dit : « Il faut des routes », et partout il y eut des routes. Certes, elles étaient loin d'être construites suivant les règles de l'art. Des coudes brusques, des montées trop rapides, des *remords de tracé*, dénotaient l'inexpérience des conducteurs improvisés, mais on pouvait passer partout, les vivres pouvaient aller partout. Je vous avoue que nous autres vieux Malgaches d'autrefois, si souvent embourbés dans les fondrières d'antan ou chancelants jadis sur les troncs d'arbres jetés par dessus les torrents, nous appréciâmes le changement. Il fallait voir avec quel zèle chacun poussait son tronçon de chemin : il y avait un plaisir touchant à suivre le sergent qui dans un coin perdu vous initiait à sa route, vous montrait les talus gazonnés et la bordure garnie de plantations. Remarquable résultat, si l'on songe qu'il fut atteint en 18 mois, en utilisant la force brutale d'une masse qui, fanatisée et armée contre nous la veille, avait besoin pour être définitivement domptée, de sentir momentanément le joug implacable du travail forcé.

En même temps, sous la direction habile du colonel Roques, la route de Tamatave savamment et solidement établie se développait, tandis que celle de Majunga était tracée et terrassée de Tananarive à Mavetanana, grâce à l'entraînante impulsion du colonel Lyautey.

Les voiries de Tananarive et des grands centres étaient étudiées : de larges voies aéraient les foyers pestilentiels des anciennes agglomérations ; des promenades, des jardins remplaçaient des cloaques ; un hôpital malgache était créé à Tananarive, des dispensaires établis partout. Un institut Pasteur fonctionne maintenant, la vaccination se fait régulièrement ; une commission d'hygiène opère dans chaque ville ; une maternité est en voie d'achèvement dans la capitale. La France ne justifie-t-elle pas sa conquête aux yeux des indigènes, en leur donnant à larges mains, la civilisation ?

C'est pour mettre en train de nouveaux travaux, et donner l'impulsion décisive à la jeune et déjà vigoureuse colonie, que notre Gouverneur général repart demain avec ses collaborateurs. Il emporte avec lui, vous le savez, Mesdames et Messieurs, l'outillage économique qu'il avait jugé indispensable à la mise en valeur du sol malgache. Approuvant sa façon de voir, le Gouvernement et les Chambres lui ont accordé les crédits demandés. Le projet comprend en première ligne le chemin de fer : l'étude du pays que nous venons de faire ensemble vous a convaincus de son importance capitale. C'était pour l'intérieur une question de vie ou de mort : la stagnation commerciale et industrielle persistant en dépit de tous les efforts, ou la brusque expansion de forces vitales contenues dans un espace trop restreint.

Alors que des projets divers s'élaboraient et se discutaient, alors qu'entre gens convaincus de l'importance du résultat final, des scissions se produisaient en faveur de tel ou tel tracé, Tananarive attendait impatiemment la solution. Que lui importait le point d'où devait venir la vie, pourvu qu'elle pût venir !

Le tracé du colonel Roques, ratifié par le Comité des Travaux publics des Colonies, a été adopté. Ce tracé comprend l'établissement d'une voie ferrée de Tananarive à Riverana à hauteur d'Andevorante, et de ce point à Tamatave l'utilisation des lacs et cours d'eau qui longent la côte Est par un canal connu sous le nom des Pangalanes.

Ce canal construit par la Société des Messageries Françaises pourra être établi de Fénérive à Mananjary. Il doit rendre à la navigation les plus grands services, car il reliera les estuaires des différents fleuves de la côte Est, tous impraticables du côté de la mer, à cause des barres. Le tronçon Ivondrona-Andevorante est actuellement livré au delà de l'isthme d'Ampanotomaizina.

Les travaux de la voie ferrée vont être commencés : nous pouvons être sûrs qu'ils seront activement et rondement menés ; je sais par expérience, ayant travaillé sous ses ordres, que le colonel ne laisse pas traîner la besogne.

Parmi les autres travaux compris dans le projet d'ensemble, figurent également ceux destinés à faciliter la navigation. Les ports de Madagascar, étant donné le développement considérable des côtes, ne sont pas nombreux. Cela tient principalement à la configuration de l'île. La côte Est reçoit directement la houle du large : elle remue et bouleverse les sables d'alluvion qui forment le rivage, déplaçant les estuaires des rivières, creusant des lagunes, formant partout sur le littoral même une barre infranchissable, et au large un ressac qui met en danger les bateaux à l'ancre. Il en est ainsi sur la côte d'Afrique en dehors de la zone protégée par l'île de Madagascar, à Durban, East-London et Port Elisabeth, où le roulis en rade est insupportable. La côte Ouest au contraire, sur laquelle les terrains d'alluvion, augmentés sans cesse des apports arrêtés par les palétuviers, s'étendent sur une largeur parfois considérable, manque de fonds et les bateaux sont obligés de mouiller à 2 et 3 milles de terre. Les deux côtes par suite sont plutôt inhospitalières : toutefois il y existe des abris. Les trois ports de Tamatave, de Diégo-Suarez et de Majunga, ménagés soit par la configuration du littoral, soit par les bancs de coraux, peuvent moyennant quelques travaux offrir aux grands paquebots et aux navires de guerre, d'excellents refuges. Pour le moyen cabotage, Vohémar au Nord-Est, Ambavatobé au Nord-Ouest, Tuléar au Sud-Ouest, Fort Dauphin au Sud-Est assurent aux bateaux des abris convenables. Mentionnons encore la bonne rade de Nossi-Bé.

Faire sur tous ces points les travaux d'appontement, de balisage, de protection ou de creusement ; mettre des phares et des feux partout où la sûreté de la navigation l'exige, assurer enfin les communications télégraphiques entre ces différents points et Tananarive, tel est le projet d'emploi des crédits demandés en sus de ceux du chemin de fer.

Quand ce programme sera réalisé ou même en voie d'achèvement, une partie du problème de la colonisation sera résolue, et le petit colon pourra venir dans les régions saines des hauts plateaux, travailler et gagner facilement son existence.

Je n'ai pas voulu encombrer et allonger encore cette conversation en vous donnant les renseignements sur les concessions, les formalités à remplir pour leur obtention, les passages, les transports et tant d'autres. Tous ceux que ces détails intéresseront pourront avoir recours au Comité de Madagascar, dont le président M. Charles Roux, à côté de nous sur cette estrade, est le vaillant défenseur des intérêts Malgaches à Marseille et à Paris. Grâce à sa persévérante initiative et à l'activité de son secrétaire général M. Delhorbe, le Comité de Madagascar a pris depuis trois ans une importance coloniale effective et pratique. Notre Gouverneur général a voulu reconnaître ces efforts en le transformant én bureau de colonisation en rapport direct avec l'administration de la colonie. C'est donc à cette source sûre, soit dans la *Revue de Madagascar* qui paraît sous les auspices du Comité, soit dans ses· bureaux, ou ceux de ses sous-comités (1) que vous pourrez trouver tous les renseignements qui vous seraient utiles, ainsi que les publications officielles de la colonie.

Puissent les faits et les arguments que je viens de vous citer, vous avoir attachés un peu plus encore à la cause Malgache. Puissent-ils surtout vous avoir convaincus,

1° Que Madagascar est un pays d'avenir ;

2° Que les efforts de tous les services militaires et civils de la colonie ont tendu, solidement groupés, vers le but que leur indiquait son chef :

Préparer cet avenir et en hâter l'épanouissement.

Les vifs applaudissements qui ont accueilli la conférence de M. Jully se sont renouvelés lorsque M. Delibes a remercié comme suit, avec éloquence, l'éminent général et son distingué collaborateur :

Mesdames et Messieurs,

Je crois que ce n'est pas trop dire que de nous reconnaître doublement obligés envers le général Gallieni et son éloquent conférencier, puisque tour à tour ils nous ont captivés par leurs souvenirs si vivants, et certainement instruits par l'intérêt de leurs communications.

Nous sommes vraiment heureux de vous avoir entendus, Messieurs, affirmer à l'unisson toutes les chances de prospérité future de cette grande ile que nos pères du xvii° siècle, dans

(1) La section de Marseille est à la Société de Géographie.

leurs patriotiques espérances, qualifiaient déjà du beau nom de « Nouvelle France », et que nos fils, s'ils savent se conformer aux conseils de votre profonde expérience, compteront sans doute pour une des plus riches provinces de la mère-patrie.

Votre *conversation*, comme vous l'appelez trop modestement, M. Jully, est une étude des plus substantielles, un véritable traité sur la matière, permettez-moi la définition, un guide sûr de l'émigrant à Madagascar. Vous ne vous êtes pas borné, Monsieur, à décrire la physionomie extérieure de la contrée, à énumérer les ressources qu'elle offre à qui saura l'exploiter. Bien plus : toutes les questions qui sollicitent justement l'attention de l'économiste et de l'homme d'Etat, telles que la situation politique et sociale du pays, l'agriculture, l'industrie, le commerce, l'exploitation forestière et minière, etc., vous les avez examinées sous leurs faces diverses, et avec une rare impartialité, disant le bien et le mal, n'exaltant pas outre mesure les ambitions, sans décourager les bonnes volontés, les fructueuses énergies.

Vous n'avez rien oublié, Monsieur, rien, sinon par excès de modestie la part d'honneur qui vous revient dans cette délicate enquête.

Un tableau si complet, si lumineux, comporte de nombreux enseignements qui ne sauraient échapper aux intéressés. Pour moi, Monsieur, qui ne suis qu'un profane en ces matières techniques, il me semble du moins permis de conclure, d'une manière générale, à quelles conditions et avec quels instruments la fortune coloniale peut se conquérir et se développer. De votre exposé si bien documenté, justifié par des preuves irrécusables, il ressort clairement pour tous, si je ne me trompe, que Madagascar, et aussi toutes les colonies, ont besoin, pour prospérer, d'administrateurs expérimentés, de colons laborieux et persévérants, de capitalistes probes et intelligents. Si riche que soit une terre, si généreuse que soit la nature d'une contrée, il faudra toujours le travail et le savoir-faire des hommes pour féconder et utiliser ces premiers éléments de fortune.

Il ne s'agit donc plus désormais d'envoyer dans ces régions lointaines, comme on l'a fait trop souvent dans le passé, les inutiles, les incapables, les non-valeurs de la Métropole, les fils

de famille, c'est-à-dire les fils qui embarrassent leurs familles...
Nos puissants voisins d'Outre-Manche l'ont toujours entendu
autrement : « Rien de trop bon pour les colonies » ; c'est leur
maxime, et ils n'ont eu qu'à se louer de leur méthode de
sélection.

Cette méthode éprouvée commence à être comprise et prati-
quée par la France. Vous en êtes vous-même, Général, l'affir-
mation éclatante, vous qui avez, toujours et partout, si largement prêché d'exemple, et prouvé par le fait qu'un vaillant
capitaine peut être doublé d'un grand administrateur.

Vous tous aussi, Messieurs, que le Général se plaisait à procla-
mer tout à l'heure ses dévoués collaborateurs et dont je voudrais
à mon tour saluer chaque nom, vous nous prouvez dans des
rangs divers, mais avec le même patriotisme, que notre pays
possède une légion d'hommes d'élite, dignes serviteurs de la
cause coloniale. Puissiez-vous former à votre école des émules,
des imitateurs qui continuent vos traditions ! La France ne
vous en sera jamais assez reconnaissante.

Puisque vous allez, Général, retourner poursuivre votre œuvre
si glorieusement commencée, permettez-nous de vous accompagner de nos meilleurs vœux, et d'espérer saluer des mêmes
sympathies votre retour !

Dans l'intervalle des discours, la musique a joué plusieurs
morceaux de son répertoire et lorsque, la séance levée, le
Général est parti en voiture, avec Mme Gallieni et ses officiers
d'ordonnance, il a été l'objet d'une chaleureuse manifesta-
tion de sympathie de la part des assistants et d'une foule de
curieux massée devant la Bibliothèque de la Ville.

Le général Gallieni s'est embarqué le lendemain pour
Madagascar, à bord du *Natal*, des Messageries Maritimes.

Imprimerie du *Sémaphore*. — Barlatier, Marseille.

www.ingramcontent.com/pod-product-compliance
Lightning Source LLC
Chambersburg PA
CBHW061633060726
47597CB00005B/1903